Mit englischem und deutschem Text

Englisch lernen mit der Bildermaus

Geschichten von der kleinen Hexe

Text von Werner Färber
Illustrationen von Maria Wissmann
Übersetzung von Gertraud Fuchs

Loewe

Bibliografische Information Der Deutschen Bibliothek
Die Deutsche Bibliothek verzeichnet diese Publikation
in der Deutschen Nationalbibliografie;
detaillierte bibliografische Daten sind im Internet
über *http://dnb.ddb.de* abrufbar.

Mehr über den Autor unter
www.wernerfaerber.de

Der Umwelt zuliebe ist dieses Buch
auf chlorfrei gebleichtem Papier gedruckt.

ISBN 3-7855-4894-X – 1. Auflage 2003

Umschlagillustration: Maria Wissmann
Reihenlogo: Angelika Stubner
Umschlaggestaltung: Andreas Henze

www.loewe-verlag.de

Inhalt / Contents

Post für Hortense 8
Mail for Hortense

Alles wie verhext 20
Witchcraft everywhere

Unheimliche Geräusche 34
Scary noises

Wichtige Tunwörter 42
Important verbs

Post für Hortense

Hortense bekommt einen 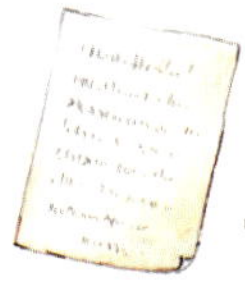 .

Sie setzt sich an den  ,

öffnet den  und liest:

„Liebe Hortense! Ich bin ein  und

schon sieben Jahre alt. Ich möchte

auch einmal eine  werden.

	Brief	**letter**		Hexe	**witch**
	Tisch	**table**		Liebe Hortense!	**Dear Hortense!**
	Brief-umschlag	**envelope**		Lieber Freund!	**Dear friend!**
	Mädchen	**girl**		Mein Name ist Helen.	**My name is Helen.**

Mail for Hortense

Hortense gets a 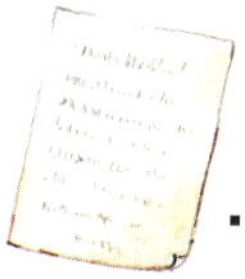.

She sits down at the ,

opens the  and reads:

"Dear Hortense! I am a  and

I am already seven years old.

One day I want to be a , too.

Ich kenne einen ,

der will  werden.

Er hat mir gesagt,

dass  nur getrocknete 

und rohe  essen.

Stimmt das?

Ist es schwer, auf einem  zu reiten?

	Junge	**boy**		Kraken	**octopuses**
	Zauberer	**wizard**		Besen	**broomstick**
	Hexen	**witches**	Let's talk!	Was willst du werden?	**What do you want to be?**
	Ameisen	**ants**	Let's talk!	Ich will Lehrerin werden.	**I want to be a teacher.**

I know a 

who wants to be a .

He told me

that  only eat dried 

and raw .

Is this true?

Is it difficult to ride on a  ?

Schläft immer eine hässliche 

in deinem  ? Darf ich mir wirklich

nie wieder die 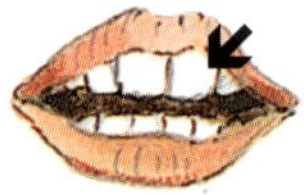 putzen?

Muss ich meinen  weggeben?

Das hat der  nämlich alles behauptet.

Dann überlege ich mir das noch einmal.

Deine Helen.“

	Kröte	**toad**	Let's talk!	Hast du einen Teddy?	**Have you got a teddy?**
	Bett	**bed**	Let's talk!	Ja, ich habe einen Teddy.	**Yes, I have got a teddy.**
	Zähne	**teeth**	Let's talk!	Nein, ich habe eine Puppe.	**No, I have got a doll.**
	Teddy	**teddy**	Let's talk!	Ich spiele gern mit Puppen.	**I like to play with dolls.**

Does an ugly  always sleep

in your  ? Will I never be allowed to

brush my 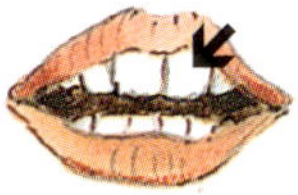 again?

Do I have to give away my  ?

That's what the  said.

Then I will think it over.

Yours, Helen."

Hortense nimmt sofort ihren 

und schreibt dem  zurück.

„Liebe Helen!

Am liebsten esse ich  mit .

Es ist wirklich ganz einfach,

auf dem  zu reiten.

Ich habe meistens eine  im 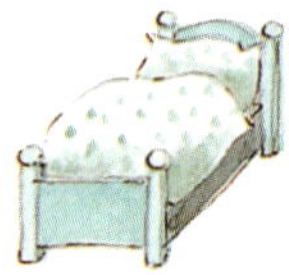.

Und dreimal täglich putze ich mir die 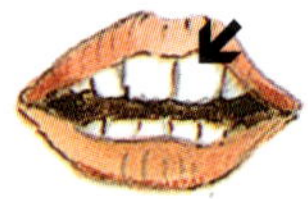.

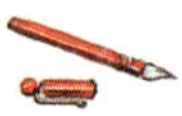	Füller	**pen**	Let's talk!	Magst du Spagetti?	**Do you like spaghetti?**
	Gurken	**cucumbers**	Let's talk!	Ich mag am liebsten Spagetti.	**I like spaghetti best of all.**
	Spiegelei	**fried egg**	Let's talk!	Ich lese gern.	**I like reading.**
	Wärmflasche	**hot-water bottle**	Let's talk!	Ich mag Musik.	**I like music.**

Hortense takes her  at once

and writes back to the  .

“Dear Helen!

My favourite meal is  with  .

It is really quite simple

to ride on a  .

I usually put a  in my  .

And I brush my 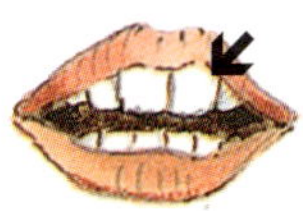 three times a day.

Natürlich musst du

deinen  nicht abgeben.

Dieser aufgeblasene 

weiß überhaupt nichts

von .

Der lügt ja!

Tschüss, Hortense.“

	Teddy	**teddy**	Let's talk!	Auf Wiedersehen!	**Good bye!**
	Zauberer	**wizard**	Let's talk!	Tschüss!	**Bye!**
	Hexen	**witches**	Let's talk!	Schreib mir bald!	**Write back soon!**
			Let's talk!	Danke für deinen Brief!	**Thank you for your letter!**

Of course you needn't

give away your .

That bumptious 

doesn't know anything

about .

He is lying!

Bye, Hortense."

Sie steckt den 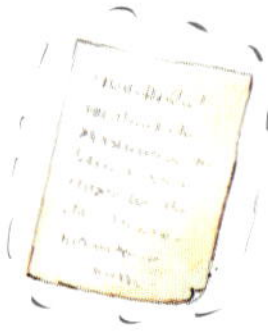

in den .

Darauf klebt sie eine 

und bringt ihn dann zum .

Vielleicht wird das  sie

eines Tages besuchen?

	Brief	**letter**
	Brief-umschlag	**envelope**
	Briefmarke	**stamp**
	Briefkasten	**letter box**

	Haben Sie Briefmarken?	**Have you got any stamps?**
	Wie viel kostet eine Briefmarke?	**How much is a stamp?**
	Wo ist das Postamt?	**Where is the post office?**

She puts the 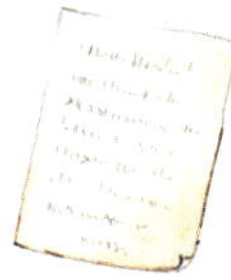

into the  .

She sticks a  on it

and takes it to the  .

Perhaps the  will

visit her some day?

Alles wie verhext

Hortense kann ihr großes 

der  nicht finden.

Sie hat schon im 

und in sämtlichen  nachgesehen.

Auch im  hat sie gesucht.

	Buch	**book**		Klavier	**piano**
	Hexen	**witches**	Let's talk!	Wo ist das Buch?	**Where is the book?**
	Kühlschrank	**refrigerator**	Let's talk!	Das Buch liegt auf dem Tisch.	**The book is on the table.**
	Töpfe	**pots**	Let's talk!	Ich suche mein Buch.	**I am looking for my book.**

Witchcraft everywhere

Hortense can't find

her big  for .

She has already looked for it in the 

and in all of her ,

and even in the .

Ohne ihr großes 

geht der kleinen 

aber einiges schief.

Ein  läuft in der .

Die schmutzigen  drehen sich

im  hin und her,

und im  schwimmen .

	Buch	**book**		Hemden	**shirts**
	Hexe	**witch**		Fernseher	**television set**
	Film	**film**		Aquarium	**aquarium**
	Wasch- maschine	**washing machine**		Hühner	**chicken**

Without her big  ,

the little 

gets a few things wrong.

A  is on in the  .

The dirty  twist around

in the 

and  swim in the  .

Ganz zuletzt bekommt das 

plötzlich 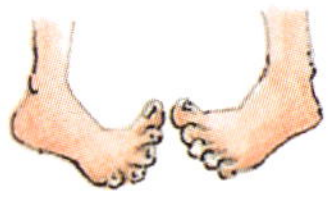 und läuft davon.

„Auch gut“, sagt die kleine  vergnügt.

„Schaue ich mir eben

den  und die  an.“

	Dach	**roof**	Let's talk!	Was kannst du nachts am Himmel sehen?	**What can you see in the sky at night?**
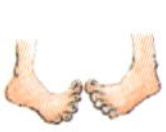	Fuß Füße	**foot** **feet**			
	Mond	**moon**	Let's talk!	Ich kann den Mond und die Sterne sehen.	**I can see the moon and the stars.**
	Sterne	**stars**			

In the end the 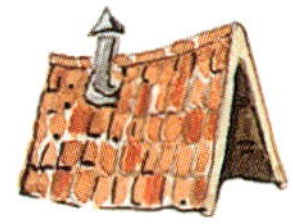

suddenly grows 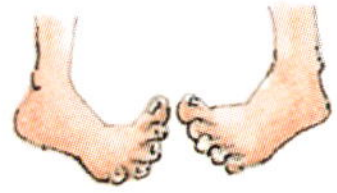 and runs away.

“Okay,” the little  says cheerfully.

“Then I will have a look

at the  and the .”

Doch dann schwebt eine dunkle,

dicke  heran.

Bald klatschen die ersten 

auf den .

Nun muss Hortense aber

endlich richtig hexen.

Auch ohne ihr .

	Wolke	**cloud**	Let's talk!	Es regnet.	**It is raining.**
	Regentropfen	**raindrops**	Let's talk!	Die Sonne scheint.	**The sun is shining.**
	Tisch	**table**	Let's talk!	Es ist warm.	**It is warm.**
			Let's talk!	Es ist kalt.	**It is cold.**
	Buch	**book**			

But then a big

dark  floats along.

Soon the first 

splash on the .

Now Hortense has

to hex correctly.

Even without her .

„Ene, mene,  ,

wer falsch hext, der hat nicht alle.

Ene, mene, alter  ,

alles, wie's gewesen!“

Und tatsächlich kommt das  zurück.

Leider hat es unterwegs

einige  verloren.

	Mausefalle	**mousetrap**	Let's talk!	Wie viele Dachziegel sind weg?	**How many tiles are missing?**
	Besen	**broomstick**			
			Let's talk!	Fünf.	**Five.**
	Dach	**roof**	Let's talk!	eins zwei drei vier fünf	**one** **two** **three** **four** **five**
	Dachziegel	**tiles**			

“Abracadabra, the  shuts,

doing wrong magic, a  must be nuts.

Abracadabra, old  on the floor,

all things here around me are like before!”

And the  really comes back.

Unfortunately it has lost some 

on the way.

Aber das stört Hortense wenig.

Wo es hereinregnet,

stellt sie  und  auf.

Die kleine  holt einen  .

	Töpfe	**pots**	Let's talk!	Wo sind die Töpfe?	**Where are the pots?**
	Schüsseln	**bowls**	Let's talk!	Die Töpfe sind auf dem Herd.	**The pots are on the stove.**
	Hexe	**witch**	Let's talk!	Wo ist der Hut?	**Where is the hat?**
	Schirm	**umbrella**	Let's talk!	Der Hut ist auf dem Sofa.	**The hat is on the sofa.**

But Hortense doesn't mind very much.

Where the  come in,

she puts  and .

The little  fetches an .

Sie macht es sich

auf dem  gemütlich.

Und da findet die kleine 

endlich ihr .

Es liegt unter dem .

	Sofa	**sofa**
	Hexe	**witch**
	Buch	**book**
	Kissen	**cushion**

Let's talk!	Was macht die kleine Hexe gerade?	**What is the little witch doing?**
Let's talk!	Die kleine Hexe liest ein Buch.	**The little witch is reading a book.**

She makes herself comfortable

on the .

And there the little 

finally finds her .

It is under the .

Unheimliche Geräusche

Die kleine  liegt im 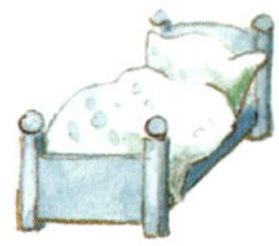 und schläft.

Sie träumt von einem großen 

und leckt am . Merkwürdiges !

Dann träumt Hortense von einer 

und beißt kräftig ins  hinein.

Mit  im  wird sie wach.

	Eis	**ice cream**	Let's talk!	Was möchtest du gerne haben?	**What would you like?**
	Torte	**cake**	Let's talk!	Ich möchte gerne ein Eis.	**I would like some ice cream.**
	Federn	**feathers**			
	Mund	**mouth**	Let's talk!	Kann ich bitte ein Eis haben?	**Can I have an ice cream, please?**

Scary noises

The little  is lying asleep in her 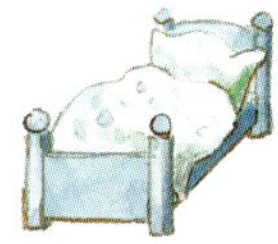.

She dreams of a big 

and licks her . Strange !

Then Hortense dreams of a 

and she bites into her  very hard.

She wakes up with  in her .

Die  kitzeln in der . Die kleine  muss niesen, und es schneit .

„Was man so alles träumt“, sagt Hortense.

Da hört sie etwas auf dem . Es klingt richtig unheimlich. Die kleine  zündet eine  an und schleicht zur  hinaus.

Auf dem  sitzt ein  und heult den  an. „Sei still!“, ruft Hortense.

	Federn	**feathers**		Kerze	**candle**
	Nase	**nose**		Tür	**door**
	Hexe	**witch**		Wolf	**wolf**
	Dach	**roof**		Mond	**moon**

The  tickle her 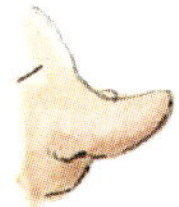. The little 

sneezes and  fall like snow.

"What a strange dream," Hortense says.

Then she hears a noise on the .

It sounds really scary. The little  lights

a  and slips through the .

A  is sitting on the  and howling

at the . "Be quiet!" Hortense shouts.

Der  lässt sich nicht stören. Doch die kleine  möchte weiterträumen. Von dem großen  und einer . Sie verzaubert den  in ein . Ein  kann nämlich nicht heulen. Aber klettern kann es natürlich auch nicht. Wie eine reife  plumpst es vom  herunter und landet auf dem .

„Oh, das tut mir Leid“, sagt Hortense.

	Wolf	**wolf**	Let's talk!	Ich kann zaubern.	**I can do magic tricks.**
	Schwein	**pig**	Let's talk!	Ich kann malen.	**I can draw.**
	Pflaume	**plum**	Let's talk!	Kannst du zaubern?	**Can you do magic tricks?**
	Misthaufen	**manure heap**	Let's talk!	Ja, ich kann zaubern.	**Yes, I can do magic tricks.**

The  doesn't care. But the little  wants to continue her dream about the big  and the . She turns the  into a . A  can't howl at all. And of course it can't climb, either. So it plops down from the  like a ripe  and lands with a thump on the .

"Oh, I'm so sorry," Hortense says.

Sie hebt die 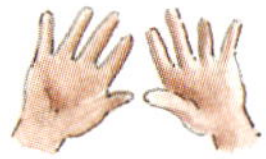 und flüstert: „Fette , dicke  – das  soll aus dem  heraus.“ Leider grunzt der  immer noch wie ein . „Wenigstens heulst du nicht mehr den  an“, sagt die kleine . Sie geht zurück ins . Dann pustet sie die  aus und kuschelt sich ins . Der  verschwindet leise grunzend hinter den .

	Hände	**hands**		Haus	**house**
	Kröte	**toad**		Kerze	**candle**
	Maus	**mouse**		Bett	**bed**
	Mond	**moon**		Bäume	**trees**

She raises her 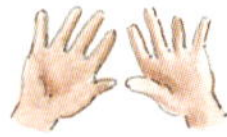 and whispers: "Fat , big  – the  should no more be a !" Unfortunately the  is still grunting like a . "At least you are not howling at the  anymore," the little  says. She goes back into the . Then she blows out the  and snuggles into her . The  grunts quietly and disappears behind the .

Wichtige Tunwörter / Important verbs

to read	lesen
Hortense **reads** a letter every day.	Hortense **liest** jeden Tag einen Brief.
I **read** a letter every day.	Ich **lese** jeden Tag einen Brief.
Hortense **is reading** a letter at the moment.	Hortense **liest** gerade einen Brief.
I **am reading** a letter at the moment.	Ich **lese** gerade einen Brief.

to write	schreiben
Hortense **writes** a letter every day.	Hortense **schreibt** jeden Tag einen Brief.
I **write** a letter every day.	Ich **schreibe** jeden Tag einen Brief.
Hortense **is writing** a letter at the moment.	Hortense **schreibt** gerade einen Brief.
I **am writing** a letter at the moment.	Ich **schreibe** gerade einen Brief.

to bake a cake	einen Kuchen backen
Hortense **bakes a cake** every day.	Hortense **bäckt** jeden Tag einen Kuchen.
I **bake a cake** every day.	Ich **backe** jeden Tag einen Kuchen.
Hortense **is baking** a cake at the moment.	Hortense **bäckt** gerade einen Kuchen.
I **am baking** a cake at the moment.	Ich **backe** gerade einen Kuchen.

to do homework	**Hausaufgaben machen**
Hortense **does** her homework every day.	Hortense **macht** jeden Tag ihre Hausaufgaben.
I **do** my homework every day.	Ich **mache** jeden Tag meine Hausaufgaben.
Hortense **is doing** her homework at the moment.	Hortense **macht** gerade ihre Hausaufgaben.
I **am doing** my homework at the moment.	Ich **mache** gerade meine Hausaufgaben.
to count	**zählen**
Hortense **counts** to ten every day.	Hortense **zählt** jeden Tag bis zehn.
I **count** to ten every day.	Ich **zähle** jeden Tag bis zehn.
Hortense **is counting** to ten at the moment.	Hortense **zählt** gerade bis zehn.
I **am counting** to ten at the moment.	Ich **zähle** gerade bis zehn.
to eat	**essen**
Hortense **eats** an egg every day.	Hortense **isst** jeden Tag ein Ei.
I **eat** an egg every day.	Ich **esse** jeden Tag ein Ei.
Hortense **is eating** an egg at the moment.	Hortense **isst** gerade ein Ei.
I **am eating** an egg at the moment.	Ich **esse** gerade ein Ei.

Mit der
Bildermaus
macht das Englischlernen Spaß!

Die kurzen Bildermaus-Geschichten und ihre einfache Übersetzung bieten Grundschulkindern eine sinnvolle Möglichkeit für die erste Begegnung mit Texten in englischer Sprache.

Kleine Bilder ersetzen in den lustigen Geschichten alle Namenwörter. So ist jede Menge Lesespaß garantiert. Und das Verstehen der englischen Wörter gelingt ganz einfach, denn der englische und der deutsche Text werden direkt gegenübergestellt.

Die englischen Begriffe können mit den Bildern und der deutschen Übersetzung im Vokabelfenster eingeübt werden. Das Vokabelfenster findet man auf jeder deutschen Textseite unten.

Zudem werden die Kinder mit einfachen Sätzen und Gesprächsformen vertraut gemacht. Als Sprechanreiz wurde im Anhang eine Auswahl der wichtigsten Tunwörter zusammengestellt.

Themen aus dem Grundschullehrplan in spannende Geschichten verpackt: Das ist Englischlernen mit der Bildermaus.

Have fun!

Ihr Loewe-Englisch-Team
Christina Reuth, Gertraud Fuchs
– Grundschullehrerinnen –